AF338331

GRANDES
DÉNONCIATIONS

DE M. LE VICOMTE

DE CHATEAUBRIANT,

PAIR DE FRANCE.

A PARIS,

Chez { L'HUILLIER, Libraire, rue Serpente, n° 16 ;
{ DELAUNAY, Libraire, au Palais-Royal.

DÉCEMBRE 1816.

GRANDES DÉNONCIATIONS

M. LE VICOMTE DE CHÂTEAUBRIANT,

PREMIÈRE DÉNONCIATION.

M. le vicomte de Châteaubriant vient d'éprouver une grande injustice. Il n'y a point de termes assez énergiques pour exprimer la persécution dont il est l'objet ; le martyr conduit au supplice est moins à plaindre que ce pair de France : on frissonne au récit lamentable des infortunes de cette noble victime. Voici les faits dans toute leur exactitude : on ne saurait les révoquer en doute, puisqu'ils sont attestés par le véridique M. de Châteaubriant, et qu'ils sortent des presses de l'honnête Dentu.

M. de Châteaubriant a proposé à la chambre

des pairs, « de supplier le Roi de faire examiner ce qui s'est passé aux dernières élections, afin d'en ordonner ensuite selon la
justice ».

Cette proposition a été faite le 23 du mois
dernier. La chambre des pairs, plus disposée
à marcher de concert avec le Gouvernement
qu'à s'égarer avec M. de Châteaubriant, plus
jalouse de servir l'État que les passions du
noble pair, n'a pas hésité à rejeter sa proposition. L'accusateur, désappointé, se retire pé-
nétré d'une juste douleur. Il consulte ses amis,
et prend la généreuse résolution de révéler au
public les motifs de sa démarche et le secret
de ses peines. Son imagination s'allume, et
produit de nouveaux fantômes, destinés à
épouvanter la faiblesse et à tenter la crédu-
lité. Le tout, arrangé en forme de mélodrame,
est envoyé à M. Didot, Imprimeur de la chambre des pairs.

Telle est l'avant-scène du mélodrame dont
voici l'esquisse.

Scène Ire. — M. de Châteaubriant se lève,
lundi 2 décembre, à dix heures du matin, et

court chez M. Didot, « pour corriger des épreuves ». M. Didot, qui avait eu le temps de lire
l'ouvrage confié à ses presses, refuse de conti-
nuer l'impression. Cet homme estimable, qui
honore sa profession par ses qualités person-
nelles autant que par ses connaissances et ses
talens, ne veut point servir d'instrument au
noble écrivain : il aime son pays, et jouit avec
reconnaissance du repos que nous devons à la
sagesse du Roi. En conséquence, il rend à
M. de Châteaubriant les exemplaires, déjà tirés
au nombre de deux cent cinquante, d'une
partie du nouveau pamphlet.

Scène IIe. — Monologue de M. de Châteaubriant. « Mon imprimeur, M. Le Normant,
s'écrie-t-il, a déjà été poursuivi pour la publi-
cation d'un de mes ouvrages. Il est vrai que
cette persécution n'a pas été très-vive, et qu'il
n'a pas même été question de la scène de vio-
lence et du bris de scellés qui présentaient un
certain caractère de rébellion : n'importe, il
est persécuté, nous sommes persécutés. Je ne
veux pas l'exposer aux nouvelles chances de
ma fortune. Trouvons un imprimeur *assez*

hardi pour imprimer la proposition d'un pair de France. Courons chez Dentu, qui, dans plus d'une occasion périlleuse, a fait preuve *de hardiesse* ».

Scène IIIe. — Entrevue de M. de Châteaubriant et de l'*intrépide* Dentu. — Aurez-vous *la hardiesse* d'imprimer ma proposition ? — Et pourquoi pas ? J'en ai imprimé bien d'autres. — Prenez garde à vous : je vous expose aux chances de ma fortune. — La fortune, c'est ce qu'il me faut. — L'épouvantable catastrophe, arrivée à mon imprimeur Le Normant ! — Ça, une catastrophe ! allons, vous riez. Belle catastrophe, ma foi, qui avertit le public et amorce les chalands ! Je ne suis pas si heureux que Le Normant : il ne m'arrivera pas de catastrophe à moi ! — Homme audacieux, prenez, imprimez, publiez : mais, avant tout, écoutez !

Le timide Didot m'a remis mon pamphlet ; je ne l'ai pas offert à Le Normant ; vous l'imprimez sans crainte, tout cela est bien simple ; mais vous allez voir quel parti je vais en tirer. Me voilà dans les horreurs de l'inspiration ! Écrivez, c'est la péroraison de mon avertissement.

« Si un pair de France en plein exercice de ses fonctions, ne peut pas faire imprimer ses opinions chez l'imprimeur de la chambre, même sans exposer cet imprimeur à être inquiété dans sa famille, et menacé dans son état ; si au moins, dans le cours d'une session, nous n'avons pas la liberté de penser, de parler, d'écrire sur les affaires qui occupent les chambres, et de publier ce que nous avons pensé et écrit ; alors, je le demande , où sommes-nous ? où allons-nous ? que devient la Charte? que deviennent les lois et le gouvernement constitutionnel? »

Hem , qu'en dites-vous, ça fera-t-il de l'effet? — C'est beau, très-beau ; joli crescendo ma foi ! C'est dommage seulement, que je vous imprime ; car, quand tout cela sera imprimé et courra le monde, et qu'on saura que je ne suis ni inquiété dans ma famille, ni menacé dans mon état, ça gâtera un peu l'effet. On dira peut-être..... — On ne dira rien; taisez-vous, et laissez-moi achever de répandre mes pensées comme le torrent du désert ; et avec une voix pareille à la grande voix du Meschacebé, père des fleuves : » Je me plains dans ce moment pour l'honneur des chambres, pour la dignité de la pairie, pour les droits de tous les Français. Ce qui m'arrive aujourd'hui peut arriver à tout pair, à tout député qui auraient le malheur de faire une proposition, ou d'émettre une opinion contraire aux vues des ministres. Les deux chambres vont s'occuper d'une loi sur la liberté de la presse ; je livre le *fait* que je viens de raconter aux méditations de leur sagesse.

— Quel fait? — Le fait, le fait ; c'est que je ne puis ni parler, ni penser, ni publier ce que je pense et ce que j'écris. Allons, dépêchez-vous, que mon pamphlet soit imprimé sans retard. Je corrigerai les épreuves ; adieu. *Exit. cœtera desunt.*

Dentu, tout joyeux de sa bonne fortune, livre à ses ouvriers les pages accusatrices de l'illustre écrivain. Les presses gémissent ; elles accouchent d'un gros pamphlet dans lequel tout le monde lira en caractères de la plus belle fonte, que M. de Châteaubriant n'a la liberté ni de parler, ni d'écrire, ni de publier ce qu'il a pensé et ce qu'il a écrit.

S'il était possible de raisonner avec M. de Châteaubriant, on lui dirait : vous avez de l'imagination, trop d'imagination ; vous ne manquez pas de talent pour exprimer vos pensées ; vous pourriez rendre ce talent utile à votre pays, à votre gloire; par quelle fatalité vous égarez-vous dans des sentiers perdus? quel mauvais génie a pu vous persuader que vous pourriez, à l'aide de quelques déclamations, de quelques pitoyables sophismes et de vagues accusations, lutter avec avantage contre le bon sens, la vérité et l'intérêt de toute une nation? Peut-être votre ambition a-t-elle été trompée, peut-être votre amour-propre est-il humilié ? C'est un malheur sans doute ; mais à qui pouvez-vous l'attribuer, sinon à vous-même? Comment avez-vous pu concevoir l'espérance de séduire tout un peuple éclairé par vingt-cinq ans de malheurs, et qui n'ignore pas que son bonheur dépend de la stabilité des nouvelles institutions? Ce peuple, trop long-temps victime des exagérations, juge aujourd'hui avec sang-froid, et décide avec maturité sur ses propres intérêts. Les phrases le fatiguent ; il lui faut des choses : la calomnie même, autrefois si puissante, glisse et ne fait plus d'impression sur des esprits exercés ; c'est une arme usée. Des factieux peuvent s'agiter, mais ils n'agiteront personne. Tout restera paisible à l'abri de la légitimité et de la Charte. Nous jouirons de la liberté sans licence, et du repos sans servitude.

DEUXIÈME DÉNONCIATION.

CETTE dénonciation se trouve dans *l'analyse des pièces justificatives* qui accompagnent la proposition de M. de Châteaubriant. Cette dénonciation est l'acte le plus étonnant de courage et d'héroïsme. M. de Châteaubriant, nouveau Curtius, se jette dans le gouffre ouvert sous nos pas ; la France était perdue sans ce dévouement chevaleresque. Qui le croirait ! les ministres du Roi ont invité les autorités des départemens à ne pas user *de l'influence de leur position* pour faire élire à la nouvelle chambre des députés les membres qui, dans la dernière session, avaient manifesté des intentions hostiles au gouvernement constitutionnel, et dont le zèle trop ardent pouvait être aussi funeste à l'état que l'inimitié la plus déclarée.

Le ministre de la police lui-même est atteint et convaincu du crime d'avoir fait répandre une circulaire dans laquelle il n'a pas craint de s'énoncer ainsi : « Il ne faut que des députés dont les intentions soient de marcher avec le Roi, avec la charte et avec la nation. Les individus qui ne possèdent pas ces principes tutélaires ne doivent pas être désignés par les autorités locales. Sa Majesté attend des préfets, qu'ils dirigent tous leurs efforts pour éloigner des élections les ennemis du trône et de la légitimité, qui voudraient renverser l'un et écarter l'autre, et les amis insensés qui l'ébranleraient en voulant le servir autrement que le Roi veut l'être ».

Qui pourrait retenir son indignation en lisant ces paroles séditieuses ? De quoi se mêle le ministre de la police ? Il a obéi, dira-t-on, aux ordres du Roi, qui dans sa haute sagesse peut confier à son gré une mission particulière à un ministre. Sans doute, mais ce ministre n'en est pas moins coupable aux yeux de M. de Châteaubriant et à ceux des amis insensés dont la folie n'approchera plus de la tribune.

Ce n'est pas tout, MM. A., B., C., D., E., F., agens du ministre, ont parcouru en tout sens les départemens, et se sont particulièrement appliqués à faire connaître aux autorités locales quels étaient les véritables intérêts de l'état et les intentions du gouvernement. Toutes ces lettres de l'alphabet ont conspiré contre M. Brennet, M. Lachèse-Murel, M. Laborie et les autres sauveurs de la France. On a proscrit la dernière chambre des députés ; les élections n'ont pas été libres ; *on a remué la lie de la nation ;* tous *les jacobins* sortis de leurs repaires ont assiégé les colléges électoraux et dominé les élections. Qui pourrait douter de ce fait , attesté par M. Lachèse-Murel et exprimé par M. de Châteaubriant en prose poétique ?

J'entends d'ici quelques-uns de ces petits esprits qui ont la fureur de tout examiner, m'interrompre , et me dire :

« Vous vous moquez de nous ; si les ministres ont invité les agens du gouvernement à à ne pas faire usage de leur influence en faveur d'hommes opposés à la charte , ils n'ont fait que leur devoir ; on ne voit pas du tout en quoi cette mesure pouvait gêner la liberté des élections; car, aux yeux de la raison, il y a une grande différence entre ne pas exercer une influence en faveur d'un individu ou s'en servir contre lui. En pressant les conséquences, on pourrait même ajouter que l'absence de cette influence favorisait la liberté des suffrages. Le ministre, dites-vous, a fait voyager des agens particuliers pour contenir un zèle trop brûlant, et prévenir quelque incendie; soit, mais vous autres, êtes-vous restés tranquilles dans cette occurence? n'avez-vous pas employé des moyens qu'il serait difficile de justifier pour faire triompher *votre parti*. MM. A., B., C., D., E., F., n'ont-ils pas rencontré dans leur route MM. S., T., X., Y., Z., *et cætera*, qui colportaient des bruits alarmans et d'étranges calomnies? Vos sociétés secrètes ne se sont-elles pas mises aussitôt en mouvement? Expliquez-nous comment il s'est fait que d'infâmes impostures, de lâches mensonges rédigés à Paris, et envoyés au journal anglais *le Times*, aient été répandus dans tous les coins du royaume, comme si ces libelles honteux eussent été l'expression fidèle des sentimens du peuple anglais; comment il s'est fait que certains fonctionnaires publics, oubliant ce qu'ils devaient au Roi, ce qu'ils devaient à leurs concitoyens, ce qu'ils se devaient à eux-mêmes, aient pris sur eux de distribuer ces écrits empoisonnés? Qui peut ignorer avec quelle prodigieuse activité des milliers d'un *post-scriptum* trop fameux ont été jetés dans les colléges électoraux, pour égarer le zèle véritable et tromper la loyauté? Fallait-il que le ministère, instruit de ces dangereux mouvemens, de ces coupables manœuvres, se réduisît à l'inaction, et livrât la France à quelques factieux, dont nul talent ne justifie la présomptueuse ambition?

Vous assurez que l'influence ministérielle s'est exercée contre les membres de l'ancienne chambre. Ce sont eux cependant qui composent la nouvelle chambre, à l'exception de soixante-cinq députés, parmi lesquels se trouvent quelques-uns des membres de l'assemblée les plus distingués par leurs talens, et les plus connus par leur attachement à la légitimité et à la charte, tels que MM. Ravez, Camille

Jordan, Courvoisier et autres, qui sont l'honneur de la tribune par leur éloquence et leurs
lumières.

On sait que plusieurs préfets et d'autres
magistrats, sans doute égarés par un faux
zèle, ont jugé convenable de ne pas seconder
les intentions du Roi, et ont laissé le champ
libre à l'intrigue et à l'exagération. Ces préfets, ces magistrats, continuent d'exercer pai-
siblement leurs fonctions. Quelle preuve plus
frappante le gouvernement pouvait-il donner
de son indulgence et de sa modération ?

Il me semble que ces explications suffisent
pour rassurer les hommes de bonne foi sur
l'influence que le gouvernement a cru devoir
opposer à celle de l'esprit de faction. J'avoue
que, les espérances de M. de Châteaubriant
et de son parti ayant été trompées, il doit
leur rester un peu de mauvaise humeur.
L'enfant que, dans son propre intérêt, on
empêche de faire du mal, se dépite et s'em-
porte ; mais on rit de sa colère et de ses pe-
tites fureurs.

Ce n'est pas la faute de M. de Châteaubriant

si ses fureurs ne sont pas dangereuses ; rien ne lui coûte , pas même le sacrifice de la vérité, pour irriter les passions. Il ne faut donc pas trop s'étonner si, dans cette disposition d'esprit , il se montre souvent en contradiction avec lui-même. Ce pair de France, qui se présente si fièrement comme le défenseur de nos droits et de nos libertés, fait un crime à l'autorité de n'avoir pas privé de leurs droits civils des Français reconnus innocens des délits qui leur étaient imputés.

« Dijon, dit-il, a vu siéger des électeurs tout *récemment échappés aux tribunaux*, où ils avaient été traduits *pour crimes présumés* de trahison ».

Voilà donc M. de Châteaubriant plus rigide que la loi, plus sévère que la justice. Sur une simple *présomption*, malgré l'arrêt solennel d'une cour d'assises qui rend des prévenus à la société et les remet sous l'empire de la loi commune, il voudrait leur enlever leur liberté et leurs droits. Tous ceux qui ne pensent pas comme lui doivent vivre comme des proscrits au milieu de leurs concitoyens.

Il suffit qu'on soit accusé pour être reconnu coupable ; et quel sentiment de convenance et d'humanité dans ce mot sorti du cœur de l'écrivain « *récemment échappés aux tribunaux !* ». Ce mot eût fait envie aux plus ardens révolutionnaires. L'esprit de parti est toujours le même , toujours exclusif, toujours impitoyable.

S'il faut en croire M. de Châteaubriant, « l'esprit révolutionnaire a dominé dans les élections ». Les faits parlent ici plus haut que la calomnie. Qu'on examine le résultat des élections , et l'on verra dans quel esprit elles ont été faites. La conduite de la nouvelle chambre donne un démenti formel à ces téméraires imputations.

On nous annonçait de grands malheurs, on cherchait à exciter les craintes des partisans de la légitimité, on parlait de grandes conspirations et d'*une fille sanglante de la convention* Tous ces fantômes, évoqués par une imagination malade , sont déjà rentrés dans le domaine des chimères ; la paix intérieure n'a pas été troublée , le nombre des amis de la cause royale se grossit chaque jour. Grâces à la justice et à la modération du gouvernement, les passions se calment, les haines s'éteignent ; tous les sentimens, tous les intérêts se confondent dans un même intérêt, dans un même sentiment ; le grand intérêt national et un vif sentiment de reconnaissance pour le Roi.

Si le gouvernement a exercé quelque influence sur les élections , il faut lui en savoir gré , car ces élections nous ont donné une assemblée digne de défendre à la fois les intérêts de la nation et ceux du trône. La pureté des intentions de la grande majorité de ses membres , la sagesse de leurs délibérations sont devenues pour tous les Français un motif puissant d'espérance et de sécurité. La tribune ne retentit plus de déclamations incendiaires ; toutes les propositions tendantes à réunir les citoyens, à prévenir les dangers d'une position encore pénible, à préparer les esprits aux bienfaits d'une sage liberté, sont discutées avec maturité, et adoptées avec empressement. Cette chambre, où a été appelée l'élite de la nation, n'a d'autre but que de concourir avec le gouvernement à fermer les plaies de la patrie, à encourager le commerce et l'agriculture, à ranimer l'industrie, à faire respecter les lois civiles, et à maintenir dans toute leur intégrité les lois fondamentales de l'état. Les députés ne cherchent pas à étendre leurs prérogatives au-delà des limites fixées par la charte, et ne prétendent point dicter des lois au gouvernement. Ils se regardent, non comme les champions d'un parti, mais comme les défenseurs des intérêts de tous. Jamais l'intérêt de l'amour-propre ou de l'ambition ne les précipitera dans de fausses mesures, et cette session sera considérée dans l'avenir comme le point de départ du peuple français pour les institutions constitutionnelles et pour la liberté.

Si ces hommes qui montrent pour la charte un zèle si récent et si équivoque, et qui dans le fait ne veulent s'en servir que comme d'une arme pour attaquer et d'un bouclier pour se défendre, étaient de bonne foi, ils se réuniraient à l'immense majorité des Français qui tiennent compte au gouvernement de sa justice et de ses efforts, pour empêcher les ravages de l'esprit de parti, pour replacer les citoyens sous l'autorité de la loi, pour maintenir la paix intérieure, et entretenir des relations d'amitié avec toutes les puissances. Mais les factieux ne calculent ni leur position, ni leurs intérêts ; ils allumeraient, de gaîté de cœur, un incendie qui les consumerait eux-mêmes. Ils ont besoin d'être protégés contre leurs propres fureurs.

Espérons que le temps n'est pas éloigné où, convaincus de leur impuissance, ils ne résisteront plus aux conseils de la sagesse ; étonnés alors de leur aveuglement et de l'excès de leurs passions, ils prouveront leur fidélité au Roi, non par de vaines paroles, mais par des faits positifs et une conduite mesurée. M. de Châteaubriant lui-même, il faut du moins l'espérer, reprendra du calme et de la sérénité ; il se jugera alors plus sévèrement que nous ne le jugeons nous-mêmes, et il rougira de ses brochures et de ses fausses dénonciations.

DE L'IMPRIMERIE DE CRAPELET,
rue de Vaugirard, n° 9, près l'Odéon.